Vehículos al rescate

Las barredoras de nieve

por Bizzy Harris

T0015139

Bullfrog
en español

Ideas para padres y maestros

Bullfrog Books permite a los niños practicar la lectura de textos informativos desde el nivel principiante. Las repeticiones, palabras conocidas y descripciones en las imágenes ayudan a los lectores principiantes.

Antes de leer

- Hablen acerca de las fotografías. ¿Qué representan para ellos?

- Consulten juntos el glosario de las fotografías. Lean las palabras y hablen de ellas.

Durante la lectura

- Hojeen el libro y observen las fotografías. Deje que el niño haga preguntas. Muestre las descripciones en las imágenes.

- Léale el libro al niño o deje que él o ella lo lea independientemente.

Después de leer

- Anime al niño para que piense más. Pregúntele: ¿Sabías acerca de las barredoras de nieve antes de leer este libro? ¿Qué más te gustaría aprender sobre ellas?

Bullfrog Books are published by Jump!
5357 Penn Avenue South
Minneapolis, MN 55419
www.jumplibrary.com

Copyright © 2022 Jump! International copyright reserved in all countries. No part of this book may be reproduced in any form without written permission from the publisher.

Library of Congress Cataloging-in-Publication Data

Names: Harris, Bizzy, author.
Title: Las barredoras de nieve / Bizzy Harris.
Other titles: Snowplows. Spanish
Description: Minneapolis: Jump!, Inc., [2022]
Series: Vehículos al rescate | Translation of: Snowplows.
Audience: Ages 5–8 | Audience: Grades K–1
Identifiers: LCCN 2020055121 (print)
LCCN 2020055122 (ebook)
ISBN 9781636901749 (hardcover)
ISBN 9781636901756 (paperback)
ISBN 9781636901763 (ebook)
Subjects: LCSH: Snow removal—Juvenile literature.
Snowplows—Juvenile literature.
Classification: LCC TD868 .H3718 2022 (print)
LCC TD868 (ebook) | DDC 625.7/63—dc23

Editor: Jenna Gleisner
Designer: Molly Ballanger
Translator: Annette Granat

Photo Credits: Delmas Lehman/Shutterstock, cover; filo/iStock, 1; Evok20/Shutterstock, 3; Jason Finn/Dreamstime, 4; Huguette Roe/Dreamstime, 5; ArtBoyMB/iStock, 6–7, 23tl; FashionStock.com/Shutterstock, 8–9; Marc Bruxelle/Alamy, 10–11; dagsy10/iStock, 12, 23tr; ssuaphotos/Shutterstock, 13, 23br; ZargonDesign/iStock, 14–15; Krasula/Shutterstock, 16–17, 22l, 23bl; Nyker1/Dreamstime, 18; Patti McConville/Alamy, 19; Pi-Lens/Shutterstock, 20–21; RonTech2000/iStock, 22r.

Printed in the United States of America at Corporate Graphics in North Mankato, Minnesota.

Tabla de contenido

Empujan la nieve

La nieve cae.

Ella cae en las casas.

Cubre las calles. ¿Qué puede ayudar?

¡Una barredora de nieve!

La barredora de nieve tiene una cuchilla.

Esta empuja la nieve.

cuchilla

Ella despeja la calle.

¡Ahora los carros pueden pasar!

Esta barredora de
nieve es pequeña.

Despeja las aceras.

Esta es grande.

Despeja las pistas
de los aeropuertos.

Ahora los aviones
pueden aterrizar.
¡Qué genial!

pista

luz

bandera

14

Las barredoras de
nieve tienen banderas.

Sus luces se encienden y
se apagan rápidamente.

Les avisan a los
carros que se alejen.

Esta barredora de nieve transporta sal.

Un esparcidor la pone en las calles.

¿Por qué?

¡La sal derrite el hielo!

sal

Las barredoras de nieve empujan la nieve en montones.

montón de nieve

Las calles están despejadas.
¡Gracias!

¿Has visto una barredora de nieve?

Las partes de una barredora de nieve

¡Échales un vistazo a las partes de una barredora de nieve!

luz

espejo

esparcidor

bandera

cuchilla

Glosario de fotografías

cuchilla
El aparato en la parte de adelante de una barredora de nieve que empuja la nieve y el hielo.

despeja
Saca cosas que cubren o bloquean un lugar.

esparcidor
Una máquina en la parte de atrás de una barredora de nieve que tira y riega sal o arena.

pistas
Líneas pavimentadas de piso donde los aviones despegan y aterrizan.

Índice

Para aprender más

Aprender más es tan fácil como contar de 1 a 3.

❶ Visita www.factsurfer.com

❷ Escribe "lasbarredorasdenieve" en la caja de búsqueda.

❸ Elige tu libro para ver una lista de sitios web.